La revolución
inevitable

[cāpsula]

Genís Roca

La revolución inevitable

Una [cápsula] sobre IA
y sociedad digital

NOW
BOOKS

Título original: *La revolució inevitable*

Primera edición: septiembre del 2025
© De los textos: Genís Roca, 2025

© De la traducción: Isabel Rosell Bellera
© De esta edición:
Càpsula
Calle del Peu de la Creu, 4
08001 - Barcelona

Càpsula es una colección de ensayo breve de Now Books

Dirección editorial: Joan Carles Girbés
Edición: Raquel M. Martínez
Edición de mesa y producción: Neus Duran i Mar Meruelo
Corrección: Ivette Piñol y Roger Berengué
Diseño: Marc Cubillas
Fotocomposición: Growords Serveis Lingüístics
Impresión: Romanyà Valls

ISBN: 979-13-87801-04-5
Depósito legal: B 13372-2025

PEFC Certificado
El papel utilizado
procede de bosques
gestionados de forma
sostenible
PEFC/14-38-00409   www.pefc.es

Tabla

TERCERA PARTE
Qué hacer

CUARTA PARTE
Epílogo

PRIMERA PARTE

Qué está pasando

La tecnología

La tecnología es una de las características que nos diferencian del resto de especies animales. Dos millones y medio de años atrás, empezamos a utilizar herramientas de piedra y, desde hace un millón y medio, sabemos usar el fuego; instrumentos y técnicas que siempre estamos mejorando. Pero el verdadero punto de inflexión se produjo hace tan solo cien mil años, con el lenguaje oral entre humanos, cuya aparición nos permitió ir mucho más allá de nuestra capacidad para intercambiar ideas y resolver problemas. Tecnología y transferencia de conocimiento, dos de las características que nos definen como humanos y nos han llevado donde estamos hoy.

Durante decenas de miles de años fuimos mejorando nuestras herramientas y también enriqueciendo el vocabulario, haciéndolo más preciso y útil para explicar lo que nos rodea y lo que nos sucede; hasta que, hace unos cuatro mil o cinco mil años, apareció el primer alfabeto y, con él, la técnica de la escritura, que mejoró la capacidad de fijar y almacenar el conocimiento respecto a la transmisión oral. Empezó con tablillas de arcilla, papiros y pergaminos, hasta llegar al papel, que apareció en China unos doscientos años antes de Cristo. Una retahíla de mejoras que nos han permitido legar conocimiento entre generaciones y organizarnos como sociedad.

La digitalización, pues, debe entenderse en ese contexto. Recientemente, los humanos desarrollamos una nueva técnica, quizás comparable en cuanto a importancia a la llegada de la escritura, que nos permite expresar la realidad utilizando tan solo unos y ceros. Un formato digital que se almacena en bits y *bytes* y que sirve tanto para textos como para fotografías, vídeos, canciones, poemas, temperaturas, bases de datos, programas de televisión, conversaciones, llamadas telefónicas, apuntes bancarios, investigación científica o diagnósticos médicos.

El formato digital ha aumentado de forma increíble nuestra capacidad tanto para almacenar información como para enviarla de una parte a otra del mundo, ahora casi de manera instantánea.

Asimismo, la digitalización ha cambiado la forma de manejar cualquier información, ya que todo se reduce sencillamente a unos y ceros, de modo que la podemos trabajar mediante simples operaciones matemáticas. Los ordenadores se limitan a eso, a realizar un increíble número de cálculos a una velocidad impresionante, pero lo único que hacen es contar unos y ceros. Si utilizamos ordenadores para casi todo es porque ahora ya sabemos expresar casi cualquier cosa en lenguaje binario. Todo se convierte en información y podemos aplicar métodos matemáticos y estadísticos.

La información

Hasta el día de hoy, la información se recogía en libros, pero no existía ninguna biblioteca que pudiera reunir todos los que se escriben, mientras que el formato digital ha posibilitado un espacio como internet, donde se puede acceder de manera dinámica a información generada en todo el mundo. El siglo xx ha revolucionado el modo de crear, compartir y almacenar la información. El nuevo alfabeto es la matemática; las herramientas de escritura son los ordenadores, e internet es la nueva biblioteca, entendida no solo como un sitio en el que se guardan los libros, sino como un lugar donde se estudia, se aprende y se genera conocimiento.

Sabe mal reconocerlo, pero el inicio de la escritura no está vinculado a la literatura ni a la poesía. Lo primero que escribimos no fueron historias, sino inventarios y registros de compra. Y con la digitalización ha sucedido lo mismo: salió de los laboratorios para dedicarse, principalmente, a usos administrativos. Los primeros ordenadores eran caros y complejos, y fueron utilizados antes por las empresas y organizaciones que por la ciudadanía. Desde los años 80, el uso de sistemas informáticos en las grandes corporaciones es ya bastante habitual, sobre todo en áreas como la contabilidad o las nóminas. Nace la informática de gestión y empezamos a convertir en unos y ceros la información corporativa. Clientes, pedidos, albaranes y flujos de caja dejan de ser papeles guardados en carpetas para convertirse en bits que trabajan dentro de los ordenadores.

Esa tendencia se consolida con la aparición de los ordenadores personales, primero en empresas, instituciones y entornos educativos, para acabar extendiéndose de forma masiva en la década de los 90. Hacia 1999, había ya casi cuatrocientos millones, muchos de ellos en domicilios particulares. Ordenadores en los hogares que empiezan a convertir en unos y ceros asuntos no tan solo laborales, sino también de la vida: cartas de amor, novelas inéditas, recuerdos de infancia, poemas, recetas de cocina y trabajos de final de curso guardados en formato binario.

Con el cambio de siglo, internet se afianza y permite conectar todos los ordenadores en una misma red, lo que posibilita que casi cualquier empresa o persona se convierta en un nodo que recibe y emite información, que, al estar en unos y ceros, puede ser gestionada y distribuida a casi cualquier parte del mundo. Compañías aéreas que informan de los asientos disponibles para un vuelo concreto, cajeros automáticos que te indican tu saldo en la cuenta corriente, personas que reservan una habitación al otro lado del mundo, familias que realizan videollamadas para mostrar que el pequeño de casa está dando sus primeros pasos, comerciales que envían un presupuesto a su cliente, alguien que avisa a sus amigos de que llega tarde a cenar, parejas que se dicen que se aman, gente que pide hora en el médico, mercados que informan de la cotización de un valor en bolsa... Internet es un espacio de actividad en el que la gente trabaja, compra, vende, discute, juega, ríe, aprende y se enamora, un flujo constante de unos y ceros que, lejos de ser frío y metálico, es un sitio donde la humanidad actúa, se relaciona y se desarrolla.

El mundo ha digitalizado la mayoría de sus actividades, y tanto las empresas como las personas generan datos en formato digital. Todo y todos se están conectando a internet. Es difícil encontrar una empresa que no haga uso del ordenador en casi todos sus procesos, o una persona que no utilice las herramientas digitales para buscar información, enviar mensajes a su familia, organizar sus vacaciones o pagar los recibos. Y cada vez es más habitual que nuestros aparatos estén conectados a internet, ya sea el coche, el reloj o el aspirador. Son flujos constantes de bits que reflejan la actividad del mundo, desde el termostato de una habitación hasta los trabajos de un grupo de investigación biomédica.

Durante miles de años, la información tan solo se consolidaba poniéndola por escrito. Además, para compartirla, era necesario que alguien decidiera reproducirla a mano; una práctica ejercida durante siglos por los monjes de los monasterios, quienes elegían qué libros merecían ser copiados y para quién sería cada uno de los escasos ejemplares producidos. Con la llegada de la imprenta, en el siglo xv, conseguimos mejorar un poco nuestra capacidad de distribuir un texto. Pero no todo el mundo disponía de una, así que hasta hace poco era el propietario de una editorial quien decidía qué poemas merecían ser difundidos, del mismo modo que los propietarios de una emisora de radio o una discográfica determinaban qué canciones se escucharían, o los de una cadena de televisión, qué imágenes debían verse. Hoy en día, estamos ya en otra dimensión: cualquier persona o empresa puede hacer públicos, a nivel planetario, textos, vídeos, sonidos y datos. Todo el mundo puede publicar y compartir. Lo complicado es lograr cierta relevancia, pero la humanidad jamás había tenido a su disposición tantos creadores ni contenidos. Nuevas maneras de colaborar, de trabajar, de aprender y de vivir.

Las redes sociales son causa y consecuencia de esta nueva posibilidad, que ha provocado cambios en las técnicas de *marketing*, los sistemas de venta y los servicios de atención al cliente, así como en la forma de gestionar audiencias, de trabajar los contenidos e incluso de hacer política. A día de hoy, la red está formada por interacciones que dejan rastro, unos y ceros que se pueden estudiar para adaptar las propuestas al interés no solo de un segmento de población, sino incluso de una persona concreta. La tendencia son los servicios globales, pero personalizados, como Netflix o Spotify, que tratan de manera individual a millones de clientes en función de lo que están haciendo en cada momento. Recogida y procesamiento de datos en tiempo real para ofrecer una nueva generación de servicios a todos los sectores, como, por ejemplo, en salud, banca, movilidad, ocio, educación o incluso vigilancia policial y fiscal, como el borrador de la declaración de la renta que el Estado envía por separado a cada ciudadano basándose en la información que tiene de todos nosotros.

La inteligencia artificial

En resumen, todo ocurre en bits y *bytes* que pueden ser almacenados, unos y ceros que los ordenadores pueden sumar y restar y, por lo tanto, datos sobre los que se pueden aplicar modelos matemáticos y proyectar hipótesis. Llegados a este punto, la aparición en escena de la inteligencia artificial era incluso previsible, porque, dicho de un modo sencillo, en el fondo se trata de aplicar unos niveles increíbles de estadística para deducir cosas, inferir resultados y proponer soluciones. Nuevas herramientas fuera de nuestro alcance hasta hace poco. Una nueva generación de *software* capaz de trabajar con grandes volúmenes de datos dinámicos e ir adaptándose a medida que van cambiando. Es la consecuencia lógica de contar, por un lado, con un enorme registro histórico de información en formato digital que se actualiza constantemente y, por otro, con una increíble capacidad de computación, jamás vista hasta el momento, que nos permite combinar millones de variables.

Los métodos estadísticos clásicos nos han enseñado a establecer correlaciones simples. Por ejemplo, sabemos que existe una fuerte relación entre el precio del trigo y del pan y, si uno cambia, podemos adivinar cómo se va a comportar el otro. Para mejorar el acierto de la previsión, podemos incorporar una segunda variable como el precio de la energía. Incluso una tercera, como, por ejemplo, el coste salarial, de modo que a cada nuevo parámetro añadido vamos mejorando un poco más la probabilidad de averiguar cuánto va a costar el otro. Pero llega un punto en el que la incorporación de nuevas variables complica tanto los cálculos que no compensa, puesto que la mejora del resultado es ya muy pobre. Es por ello que siempre se recomienda seleccionar solo las variables más significativas y descartar las demás.

Para ahorrarse cálculos demasiado complejos, la estadística solía trabajar, como mucho, con varias decenas de variables. Todos esos límites han sido superados por la inteligencia artificial y, gracias a la actual potencia de cálculo y a distintos métodos y tecnologías, los nuevos sistemas son capaces de operar no con cientos o miles, sino con millones de variables al mismo tiempo. Jamás habíamos sido capaces de calcular el precio del pan con la precisión actual. Con estas nuevas capacidades, los bancos analizan el riesgo de morosidad de sus clientes; los operadores de bolsa analizan cuál es el momento óptimo para comprar o vender las acciones; los médicos anticipan el riesgo cardíaco de un paciente, y los climatólogos pronostican la subida del nivel del mar en el Mediterráneo en las próximas décadas. Sus usos y posibilidades desbordan nuestra imaginación.

Los modelos de IA están revolucionando cualquier tarea y proceso informatizado, que es lo mismo que afirmar que lo están revolucionando todo, pues los humanos llevamos ya tiempo apoyándonos en ordenadores y programas informáticos para casi todo. Cualquiera que utilice *software* querrá acceder a nuevas versiones que incorporen las posibilidades que ofrece la inteligencia artificial. Las empresas desearán mejorar sus programas de contabilidad o de logística, los científicos van a pedir nuevas herramientas para sus investigaciones, los particulares querremos procesadores de textos capaces de sugerir un final para una carta o el resumen de un artículo demasiado largo. Los médicos van a tener un asistente entrenado con una selección de información científica y técnica muy precisa que les avisará si una receta o tratamiento puede causar problemas a un paciente según sus antecedentes. No queda mucho para que dejemos de hablar de inteligencia artificial y pasemos a decir sencillamente que hay personas que utilizan *software* actualizado y otras que todavía usan programas antiguos.

Ya existen herramientas que nos sorprenden. Y llegarán novedades que aún escapan a nuestra imaginación que nos llevarán a nuevos umbrales en biología, ingeniería, física, química, geología, música, diseño y cualquier disciplina del conocimiento. Una nueva generación de *software*, basada en el análisis de grandes volúmenes de datos, que, más allá de generar textos o imágenes, lo que hará es participar en la toma de decisiones. ¿Será un programa informático quien decidirá si nos dan o no una hipoteca?, ¿si tenemos o no razón en un juicio?, ¿el precio de nuestro seguro?, ¿el aprobado o el suspendido en los exámenes de nuestros hijos? ¿Qué papel va a tener el *software* en nuestras vidas?

La velocidad

Todo va muy deprisa, pero no tan rápido como podría parecer. Por un lado, está la velocidad de desarrollo de la ciencia y la tecnología y, por otro, el ritmo de adopción por parte de las personas, los negocios y las administraciones. El nuevo *software* se irá aplicando en varias tareas y procesos, pero necesitará tiempo antes de llegar a todas partes, y aún más para cambiarlo todo y hacernos reconsiderar las cosas. No será tan sencillo como sustituir una herramienta por otra, porque a menudo implicará un cambio de modelo, otra manera de hacer. Hemos iniciado un proceso de cambio que tendrá una afectación intensa en todos los ámbitos y en cada uno de nosotros, y precisamente por eso está claro que requerirá tiempo. Estamos incorporando un conjunto de tecnologías que afectan no solo a nuestro modelo productivo, sino también a nuestro sistema científico y de conocimiento, a los mecanismos de poder y convivencia y, por ende, a nuestra cultura y sociedad. No se trata de considerar únicamente nuestros métodos, técnicas y procedimientos, sino que también debemos poner al día nuestro sistema de derechos y deberes. Tenemos que poner orden y definir nuevas reglas de juego, porque el juego ha cambiado.

Así lo demuestran otros grandes cambios que ya hemos vivido. Es el caso de la Revolución Industrial; un proceso de transformación tecnológica, económica y cultural que modificó la estructura de la sociedad, pasando de ser una economía rural basada en la agricultura y el comercio a una economía urbana basada en la industrialización y la mecanización. Sus orígenes se remontan a 1760, en torno a la máquina de vapor y el sector textil de Inglaterra y Escocia. Sin embargo, aún tendría que pasar más de medio siglo para tomar conciencia de que se trataba de un cambio estructural. De hecho, ni tan siquiera tenía nombre, y el término «Revolución Industrial» no apareció hasta 1820. Una denominación que, por cierto, se empezó a utilizar en Francia y no en Inglaterra. Cambiar un modelo de sociedad es un proceso que se va desarrollando durante décadas, y las primeras generaciones que ponen en marcha el cambio raramente tienen plena conciencia de lo que está sucediendo ni saben anticipar sus consecuencias.

Está claro que hoy en día estamos viviendo una transición cada vez más marcada por la tecnología. Y del mismo modo que en su momento electrificamos nuestras ciudades, empresas y hogares, ahora las estamos digitalizando. La humanidad vuelve a atravesar un proceso de transformación económica, cultural y tecnológica que desembocará en un nuevo modelo de sociedad. Lo digital transforma la educación, el comercio, la movilidad, el ocio, la política, la economía y la cultura. Todo sucede a un ritmo vertiginoso. Pero lo cierto es que el proceso arrancó hace unas décadas y se seguirá desarrollando durante unas cuantas más. Y es que cambiar la estructura de una sociedad es, inevitablemente, un proceso que afecta a más de una generación y, como siempre, resulta difícil anticipar el modelo que terminará imponiéndose.

Más de doscientos años de paradigma industrial nos han acostumbrado a trabajar con métodos y procedimientos orientados hacia la eficiencia y la calidad. Hemos ido consolidando procesos y rutinas, métricas e indicadores, sistemas de control y evaluación. La industrialización es eso: abrazar la mecanización y el orden dejando de lado la artesanía y la improvisación. Existe un procedimiento para realizar un trámite administrativo, y todo el mundo lo hace igual. Todo el profesorado de matemáticas de un instituto explica los mismos temas. Todos los coches Volkswagen se montan igual, sin importar que haya cambios de turno y de operarios. El paradigma industrial ama el orden y la estabilidad, y, si alguien quiere cambiar la manera de hacer las cosas, debe garantizar que el resultado será sólido y mejor. Tras décadas aplicando esa lógica, hoy en día disponemos de tantas métricas y procedimientos que modificarlos resulta muy difícil. Hasta tal punto que saber gestionar la innovación es el deseo de casi cualquier empresa y el gran tema en las escuelas de negocios.

Pero ha llegado el momento de realizar cambios. Somos hijos de la sociedad industrial y padres de la digital, y nos toca ir acompañando el fin de una y la progresiva puesta en marcha de la otra. Debemos hacerlo vigilando el ritmo, porque la industria ya no sirve para todo, pero lo digital tampoco, todavía. A pesar de la vertiginosa velocidad de muchas de las cosas que nos suceden, se trata de un proceso de cambio estructural que nos llevará décadas.

Da igual nuestra edad, podemos afirmar que vamos a vivir todo lo que nos queda de vida profesional en un contexto de cambio permanente y estructural. No importa si nuestro empleo es en el ámbito de la salud, la docencia, la automoción, la prensa, los seguros o en una tienda de moda. Habrá cambios. En el paradigma digital, no sabemos cómo van a ser los bancos, las universidades, los partidos políticos o los conciertos de música, pero sí sabemos que serán muy diferentes. Quien tenga resistencia al cambio sufrirá y quien necesite saber hacia dónde vamos antes de empezar será incapaz de arrancar.

La clave está en entender que toda nuestra vida profesional consistirá en saber acompañar unos cambios que van a ser el preámbulo de otros, porque se necesitarán muchas iteraciones hasta que se estabilicen los nuevos modelos para una sociedad digital y alcancen cierta madurez. El reto digital no es un esprint, sino una carrera de resistencia.

La geopolítica

En el siglo XX hablábamos de dónde estarían las fábricas, dónde se generarían los puestos de trabajo o cómo se ordenarían los mercados. El siglo XXI todavía tiene mucho de todo ello, y seguimos hablando de las fuentes de materia prima y de energía, pero están emergiendo con fuerza nuevas claves digitales. Están apareciendo nuevos gigantes cuyo poder y capacidad se fundamentan en la información que pueden llegar a tener de cada uno de nosotros, con la que diseñan al instante servicios personalizados basados en datos.

La nueva economía depende de las fuentes de energía, los datos y las infraestructuras por las que estos circulan. China y EE. UU. compiten por el liderazgo mundial en chips y procesadores, algoritmos y sistemas de inteligencia artificial, en plataformas de servicios y en sistemas de vigilancia.

Europa intenta reaccionar con proyectos ambiciosos para alcanzar cierta soberanía tecnológica, pero tiene una posición débil en la lucha por el dominio de la economía y el mundo del siglo XXI.

No se trata tan solo de economía y tecnología: como siempre, también están en juego los preceptos sociales y morales bajo los que funcionará el mundo. Estados Unidos considera que la tutela de los datos es cosa del mercado, mientras que China cree que esa labor corresponde al Estado. Europa propone que la tutela esté en manos de la ciudadanía. Así pues, mientras que Estados Unidos cuenta con empresas que disponen de miles de millones de clientes y China tiene autoridad sobre miles de millones de ciudadanos, Europa sustenta su propuesta en miles de millones de reflexiones y leyes que no puede aplicar de manera masiva.

Si queremos ser partícipes del diseño de la sociedad digital, será mejor que dejemos de hablar de Estados Unidos y China y empecemos a referirnos a Occidente y Oriente. No debemos discutir nuestro modelo con los americanos, sino construirlo con los occidentales. Pensar en términos de Occidente permite ampliar el número de invitados a pensar en el futuro. Colombia, Sudáfrica, Brasil, México, Australia, Marruecos, Uruguay, Chile o Japón se quedaron en el lado fragmentado del mundo, sin mecanismos ni volumen para discutir la nueva sociedad digital. La Unión Europea se ha erigido como el gran proyecto político de Europa a lo largo de casi todo el siglo xx, y hemos sido incapaces de completarlo a tiempo. La sociedad digital requiere una nueva capa superior, un nuevo proyecto político que ocupará todo el siglo xxi: un marco occidental de colaboración.

SEGUNDA PARTE

Qué pasará

La competencia

Hasta hace poco, Estados Unidos trataba de convencer a todo el mundo de que sus empresas habían tomado ya tanta ventaja que terminarían siendo las únicas capaces de ofrecer al mundo la tecnología que lo cambiará todo. Nos explicaban que solo ellos contaban con las herramientas, la energía y los recursos económicos necesarios para desarrollarla y que, como habían empezado mucho antes, ya no podríamos alcanzarlos y siempre irían por delante. Algo parecido a un monopolio digital que debía permitirle dominar la ciencia, los negocios, la política y el mundo.

Para desarrollar los motores de inteligencia artificial —llamados modelos fundacionales—, debe procesarse una cantidad tan increíble de información que todo depende de la potencia de los ordenadores que se utilicen, cuyo corazón son sus chips y procesadores. Investigadores de todo el mundo llevaban más de cincuenta años trabajando en modelos de inteligencia artificial. Una de las causas determinantes del salto exponencial que estamos presenciando ha sido la nueva generación de procesadores de la empresa Nvidia; una tecnología de vanguardia que nadie más ha sido capaz de igualar aún y que ha convertido esta compañía en una de las más cotizadas y valiosas a nivel mundial. A pesar de que su negocio es la venta de estos procesadores, el Gobierno de Estados Unidos los ha clasificado como estratégicos y dificulta que la empresa ofrezca sus productos más avanzados a otros países. Si los rivales no pueden hacerse con los mejores procesadores, se demorarán mucho más en tener buenas propuestas de inteligencia artificial.

Al disponer de procesadores tan potentes, han podido entrenar a los nuevos modelos de IA, utilizando una ingente cantidad de información: ni más ni menos que toda la que contiene internet. Es un volumen bestial, pero siempre se necesita más y, en la actualidad, ya se está trabajando con datos sintéticos. Es decir, datos que no existían y que han sido generados por los propios ordenadores. Cuando ya has analizado todas las imágenes de internet, encargas a la máquina que genere más, y así continuamente, en lo que es ya una espiral inimaginable. Si lo que quieres es entrenar un nuevo modelo de inteligencia artificial y logras procesar toda la información de la humanidad, todavía te faltarán todos los datos sintéticos que han sido generados por tus competidores en los años que te llevan de ventaja.

Además, tener millones de chips procesando toda la información del mundo supone unos consumos de energía desorbitados, hasta tal punto que en Estados Unidos ya se está hablando abiertamente de construir centrales nucleares al lado de los centros de procesamiento de datos. Una apuesta que la ciudadanía europea no está dispuesta a permitir en su territorio. Y, por si fuera poco, a las 24 horas de ser nombrado, Donald Trump anunció que destinaría 500.000 millones de dólares en ayudas para seguir impulsando el desarrollo de la inteligencia artificial. El mensaje es claro y contundente: no te molestes en intentarlo, jamás nos alcanzarás.

Detrás de todo ello, hay un cambio en el modelo de negocio dominante en internet. La época de las redes sociales, que empezamos a superar, se ha visto marcada por grandes plataformas que ofrecían gratuitamente sus servicios a cambio de los ingresos que les proporcionaba la publicidad. Meta es la propietaria de Facebook, que cuenta con 3.000 millones de usuarios en todo el mundo; de WhatsApp, con 2.800 millones, y de Instagram, con 2.500 millones. Alphabet es la propietaria de YouTube, que tiene 2.500 millones de usuarios; de Gmail, con 1.800 millones; de Google Maps, con 1.000 millones, y, sobre todo, del buscador Google, que dispone de 4.000 millones de usuarios y una cuota de mercado próxima al 90 %. Este 2025, la publicidad digital va a mover unos 700.000 millones de dólares, y el 50 % se concentrará únicamente en Meta y Alphabet. Un internet masivo y gratuito en el que la forma de ganar dinero roza el monopolio.

Sin embargo, internet está cambiando de nuevo. Se acentúa la tendencia hacia la despersonalización, ya no a partir de lo que decimos sino de lo que hacemos; ya no basándose en nuestras opiniones, sino en el montón de datos que generamos de forma inevitable y en tiempo real. Para atender millones de personas de tú a tú y con inmediatez, necesitamos ese nuevo *software* llamado inteligencia artificial. Así pues, tener la clave de esta tecnología equivale a tener la clave de una nueva generación de servicios de alcance global que, pese a su sofisticación, son cada vez más sencillos de usar. Puedes pedir a Spotify que te recomiende canciones, generar una imagen explicando de viva voz lo que quieres y usar ChatGPT para preparar la ruta de tus vacaciones. Y el modelo de negocio se mueve con descaro hacia las cuotas de suscripción. De ver vídeos gratuitamente en YouTube a pagar la cuota mensual de Netflix. De una búsqueda gratuita en Google con una relación de vínculos poco personalizada a una conversación de tú a tú con ChatGPT, pero de pago.

OpenAI, la propietaria de ChatGPT, es una empresa que a día de hoy todavía no ha dado beneficios, pero sus responsables tenían un plan de rentabilidad gracias a las cuotas que millones de usuarios pagarían mensualmente. Y en medio de este cuento de hadas empresarial, aparece China declarando la guerra a Estados Unidos para dificultar su intento de liderazgo de la economía digital del futuro. Coincidiendo con el nombramiento de Trump y su anuncio de invertir cientos de miles de millones de dólares en IA, China presentó DeepSeek; una muy buena propuesta que ha conseguido desarrollar en poco tiempo, con poco dinero, probablemente sin tener procesadores Nvidia y sin tanta parafernalia. Y, por si fuera poco, China la regala. Sin cuotas. Se la puede descargar quien quiera y usarla libremente. Mientras el contable de OpenAI se tiraba de los pelos, la cotización de Nvidia se llevó un buen porrazo en bolsa.

Para los europeos, y para todo el mundo, fue una gran noticia. No era cierto que nos dirigíamos a un dominio oligopolista de Estados Unidos. Hay margen de reacción. Se pueden desarrollar buenos modelos de inteligencia artificial a costes asumibles, y podemos imaginarnos un horizonte con múltiples proveedores y una razonable competencia de mercado. Tendremos varias opciones, también algunas que serán propias, para dotarnos de este nuevo *software* que en breve querremos ver acompañando a los diagnósticos de nuestro médico, supervisando la toma de decisiones en la gestión del sistema eléctrico, elaborando el resumen automático de la reunión donde estamos o traduciendo en tiempo real la conversación telefónica que vamos a tener mañana con un japonés.

El modelo

Estamos discutiendo sobre cómo va a ser el mundo, y eso dependerá de quién lo domine. Donald Trump podrá decidir cuáles son las reglas del juego que debe cumplir su industria tecnológica. Por ejemplo, podrá escoger si se debe perseguir el origen de la falsa información en las redes sociales, si se tienen que defender los derechos de autor de los materiales utilizados para entrenar la inteligencia artificial o si será necesario preocuparse por el consumo energético de las grandes tecnológicas. Su ideología marcará la tecnología que mueve el mundo, y ya podemos hacernos una idea del camino que va a tomar: optará por el sálvese quien pueda.

Llevamos décadas observando cómo Hollywood y, en general, la industria del entretenimiento estadounidense influyen cada vez en mayor medida en nuestros consumos culturales. Ahora mismo, estamos ante la evidencia de que su industria tecnológica también domina nuestro internet y, por lo tanto, afecta y afectará cada vez más a nuestros modelos educativos, lingüísticos, industriales, hospitalarios, culturales e incluso familiares.

Investigadores de Harvard hicieron que Chat-GPT llenara mil veces la Encuesta Mundial de Valores, construida con casi cien mil respuestas de personas muy diversas de sesenta y cinco países distintos. Los resultados confirman que la herramienta ha sido entrenada en su mayoría con datos de poblaciones occidentales ricas. Existe un claro sesgo más próximo a Estados Unidos que a Etiopía o Pakistán. Es por ello que cuando se le pidió de qué formas se podía presentar una persona normal, respondió con características individuales como «soy atlético» o «soy trabajador», mientras que muchas poblaciones no occidentales tienen mayor tendencia a presentarse con características sociales y relacionales, como, por ejemplo, «soy madre» o «soy miembro de mi comunidad». Al preguntarle sobre el poder, ChatGPT mostró altos niveles de confianza en las instituciones democráticas y niveles inferiores de respeto a la autoridad. Aunque no todo el mundo es así, se trata del perfil ideológico que dichas herramientas están exportando a lo largo y ancho del planeta. Cada vez será más difícil ser español, francés, etíope o birmano en el mundo digital.

Entretanto, Europa podría no tener la masa crítica ni la coordinación necesarias como para poder escribir las reglas del juego del mundo digital. Lo que sí tiene son evidentes problemas para conseguir una única voz, pero le gusta pensar que está participando en la construcción del nuevo orden junto con China y Estados Unidos, que no parecen querer reconocerle dicho protagonismo, a pesar de que no deja de opinar, reñir, legislar y multar.

La construcción de una verdadera Europa coordinada ha sido demasiado lenta y todavía no se ha alcanzado del todo. De modo que hoy observamos estupefactos cómo se acelera el mundo y, muy probablemente, por primera vez en tres mil años, no va a ser aquí donde se diseñe el próximo orden mundial.

Muchos de los actuales Estados nación europeos son el resultado de la unificación de una realidad anterior más fragmentada. El antecedente de Italia fue un conjunto de ciudades-Estado; el de España, distintos reinos de la península ibérica, y el de Alemania, decenas de pequeños estados preexistentes. Lo cierto es que ha habido imperios que han colapsado y se han fragmentado, pero la tendencia general a lo largo de la historia es reunirnos en grupos cada vez de mayor tamaño, lo que ha dado lugar a modelos políticos y de gestión social que van ganando en sofisticación: desde los grupos nómadas del paleolítico, pasando por los poblados del neolítico, hasta llegar a los actuales Estados nación, formados en su mayoría durante el siglo XIX y que, sin lugar a dudas, también veremos desaparecer cuando se abra paso a otro orden de magnitud.

La nueva sociedad digital está aumentando de manera vertiginosa el número de personas gestionadas desde un mismo centro de poder. Tuvo sus inicios con la globalización y se ha disparado con la digitalización, y la estructura política de los Estados nación muestra cada vez mayor ineficiencia para poner en orden los grandes grupos supranacionales, promovidos mayoritariamente desde China y Estados Unidos. Los países que conforman Europa llevan décadas sabiendo que para ser relevantes es necesario un nuevo cambio de escala y mucha más coordinación.

Los agentes

Mientras el mundo no se ordena, las empresas y las personas están empezando a explorar las nuevas posibilidades que ofrece la inteligencia artificial. Para el gran público, esta novedad llegó en 2023. En el año 2024, nos dedicamos a realizar pruebas en procesos de bajo riesgo para ganar experiencia y confianza e identificar los problemas, pero pocos se dedicaron a trabajar de verdad en ventajas competitivas. En 2025, algunos ya están apretando el acelerador y aplicando la IA de manera contundente en sus procesos y operaciones, superando el bloqueo que provoca el debate entre agilidad y seguridad. La novedad está en la llegada de los agentes IA: sistemas que realizan funciones concretas de forma autónoma y que, a la práctica, suponen una novedosa mano de obra, digital, que asume tareas y resuelve situaciones. El éxito no dependerá tanto del número de inversiones destinadas a tecnología, sino de cómo van a ser incorporados estos agentes por nuestros equipos.

De nuevo, el factor humano es clave: la llegada de la IA es un reto que incumbe tanto al área de tecnología como al de recursos humanos. Tras décadas de transformación digital, la tecnología ya está presente en la mayoría de los flujos de trabajo. Y, si ahora queremos dotarlos de IA, deberemos capacitar a nuestros equipos. La formación siempre es importante. Pero ahora, además, es urgente.

En nuestra organización, habrá muchos agentes de IA que solucionarán tareas y nos acompañarán en las decisiones y, en contra de lo que pueda parecer, esto supondrá un mayor empoderamiento para las personas: la dirección deberá renunciar a la validación de soluciones una por una y tendrá que centrarse en marcar el rumbo y las reglas y permitir que el personal de cada departamento ponga en marcha sus propios agentes IA —en plural, porque van a ser muchos—, sin esperar que alguien los supervise y los apruebe desde otra parte. La agilidad, con todos los riesgos que conlleva, será clave de competitividad.

Es importante entender que, además de modelos generados como ChatGPT, que han aprendido de todo y se atreven a responder sobre cualquier tema, lo habitual será contar con una enorme cantidad de herramientas entrenadas específicamente para realizar una tarea concreta. Habrá una oferta casi infinita, y cada uno de nosotros utilizará decenas de ellas, tantas como tareas queramos resolver: generar una imagen, mejorar un texto, preparar una propuesta comercial, efectuar un cierre contable, decidir el precio óptimo de un producto, resumir una reunión, traducir una conversación, analizar el riesgo de una instalación, ampliar una lluvia de ideas... Serán también aplicables en tareas que requieren un alto nivel de especialización, para las que dispondremos de agentes entrenados con rigor, calidad y exigencia para trabajos muy concretos: analizar una mamografía, revisar el clausulado de un contrato, planificar las rutas para una empresa de transporte, hacer la previsión de compra de los productos frescos de una cadena de supermercados, anticipar cuántos ejemplares se van a vender de un libro o, en el caso del Ministerio de Hacienda español, enviar un borrador de la declaración de la renta a todos y cada uno de los ciudadanos.

Si 2024 fue un año de experimentación, a partir del 2025 ya es momento de aplicar la inteligencia artificial de forma sistemática y ordenada en ideas realmente escalables y con impacto en el negocio. Para ello, será necesario crear estructuras de apoyo, reglas y normas claras, presupuestos, objetivos y prioridades, lo que nos llevará a debates que pueden llegar a ser tan profundos que deriven hasta poner en cuestión la propuesta de valor o el modelo de negocio. En algunos casos, es sin duda inquietante, pues por el momento el marco normativo es débil y preocupa pensar hasta dónde se podría llegar; pero, en otros, es realmente esperanzador e ilusionante.

Por ejemplo, Corea del Sur anunció que quiere revolucionar su sistema educativo gracias a la IA. Es relevante, porque en la actualidad es uno de los países mejor valorados en el índice PISA.

La idea, muy resumida, es que los libros de texto sean digitales y estén dotados de IA, de modo que el alumno, con el apoyo del equipo docente, pueda mantener un diálogo con los materiales y realizar un itinerario realmente personalizado. Con esta propuesta, el profesorado sigue siendo el centro del proceso de aprendizaje, y con los datos obtenidos esperan poder introducir innovaciones docentes significativas y que los equipos escolares puedan atender a cada alumno según sus necesidades. El Ministerio de Educación de Corea del Sur realizó pruebas en 2024 y, tras las aportaciones de expertos, docentes y familias, a partir del 2025 han autorizado el uso de setenta y seis libros de texto con IA en primaria y secundaria en materias como matemáticas, inglés, programación y lengua coreana. Se invertirán setecientos millones de euros en tres años, para capacitar a ciento cincuenta mil maestros y para crear una estructura de apoyo con mil doscientos tutores.

El trabajo

Si se cambia la forma de hacer las cosas, las personas que las llevan a cabo también se ven afectadas. Las tecnologías que han ido apareciendo a lo largo de la historia son herramientas y técnicas que ayudan a resolver una tarea con mayor eficiencia, de modo que casi todas han destruido puestos de trabajo. Los semáforos provocaron que dejara de ser necesaria la presencia de un empleado de la Guardia Urbana en cada esquina, igual que los tractores permitieron reducir el número de personas necesarias para labrar y segar. Esta tecnología hará lo mismo que las anteriores: permitirá ir más allá y generará nuevos puestos de trabajo, pero a corto plazo los restará. Las altas no compensarán las bajas, del mismo modo que la gente que trabaja en las fábricas de tractores jamás ha igualado el número de gente que trabajaba en el campo.

Por eso la tecnología nos resulta cada vez más inquietante. Cuando descubrimos algo que las máquinas pueden hacer bien, lo que nos preocupa en realidad es que nosotros nos quedamos con una opción laboral menos. Necesitamos el trabajo para ganarnos la vida, y, si las máquinas nos sustituyen, no está claro de qué vamos a vivir. En nuestra sociedad moderna, necesitamos recursos económicos para cualquier cosa: para acceder a la vivienda, a la comida, al ocio, a la educación o a la salud. Todo cuesta dinero y nadie lo regala, nos lo dan a cambio de hacer algo. El problema no es que las máquinas sepan hacer cosas, sino que nosotros necesitamos hacer algo si queremos cobrar, si queremos vivir. La sociedad digital amenaza con dejarnos sin acceso a un sueldo.

La sociedad industrial tiene un sistema de reparto de la riqueza basado en los sueldos e impuestos que está dejando de funcionar. Por un lado, las actividades generadoras de riqueza deben repartir parte de sus ganancias entre las personas que han participado en ellas con su trabajo. Así son los sueldos. En épocas anteriores, estaban los esclavos, es decir, gente que trabajaba, pero no cobraba. Sin embargo, la sociedad industrial se organizó de otra forma, en parte para generar un mercado. Henry Ford ya lo dijo: «Pagamos lo suficiente a nuestros trabajadores para que se puedan comprar los coches que fabrican». Producir bienes a escala industrial no tiene ningún sentido si la mayoría de la gente no se los puede permitir. Por otro lado, las actividades que generan riqueza deben distribuir parte de sus beneficios a la comunidad a la que pertenecen con el objetivo de invertirlos en infraestructuras y servicios para todo el mundo. Hablamos de los impuestos. No obstante, el nuevo modelo tecnológico está provocando que la doble fórmula de reparto de sueldos e impuestos deje de funcionar, dado que las grandes plataformas digitales globales capturan mucha riqueza con pocos trabajadores, y con menos todavía en nuestro territorio en concreto. Además, gracias a la lamentable coordinación de los mecanismos fiscales mundiales, también han aprendido a beneficiarse de maneras legales que permiten tributar donde más les convenga, que no tiene por qué ser en el territorio donde han realizado el negocio. El resultado está claro: lo que ganan se reparte poco y mal.

Por ejemplo, la posibilidad de escuchar música en *streaming* hizo que dejáramos de comprar en las tiendas de discos, que acabaron cerrando y, en consecuencia, dejaron de pagar sueldos e impuestos. Ya no compramos música, pero pagamos una cuota mensual a plataformas como Spotify, que aquí apenas tiene trabajadores y legalmente puede tributar en otras partes del mundo donde le sale más a cuenta. La prueba de que el modelo digital reparte mal la riqueza es que Jeff Bezos, fundador de Amazon, ha acumulado en poco más de veinte años una fortuna personal de ciento cuarenta y cuatro mil millones de dólares, que para entenderlo mejor, es el valor de Spotify, Adidas, Lufthansa y Airbus juntas. Otro ejemplo: Google tiene menos de cuatrocientos trabajadores en toda España y un ridículo capital social de tres mil seis euros. Así pues, resulta bastante evidente que las empresas digitales pueden ganar mucho dinero en nuestra casa sin apenas contratar a gente ni pagar muchos impuestos.

Para corregir el problema, se habla de la posibilidad de que los robots paguen una cuota de la Seguridad Social, pero la solución difícilmente tomará este rumbo por la sencilla razón de que la definición de robot no está nada clara. ¿Un semáforo es un robot? ¿El algoritmo que toma una decisión es un robot? La solución podría ser de lo más simple: no deben vincularse los impuestos a las herramientas utilizadas, sino a los beneficios obtenidos, y deben pagarse en el sitio donde se han generado las ganancias. La sociedad digital está consiguiendo beneficios más que suficientes. El problema radica en que las actuales arquitecturas fiscales permiten operar en un país y tributar en otro. En la actualidad, se puede operar en España, pero tributar en Irlanda. La sociedad digital necesita un nuevo contrato social, y Europa, un nuevo pacto fiscal.

El momento actual está marcado por una gran cantidad de trabajos volátiles y mal pagados que no garantizan poder salir adelante. Algo se ha roto. Muchos jóvenes ya no quieren explicarse a través de su trabajo, aunque tengan uno, porque es un ámbito demasiado débil como para convertirlo en el centro de su vida. Antes, un puesto de trabajo era para toda la vida y, ahora, no hay ninguno que lo sea, y tener empleo ni siquiera garantiza los mínimos razonables. Hay segmentos de la población que viven en condiciones de pobreza a pesar de tener empleo, y mucha gente muy preparada que a sus más de treinta años debe vivir en pisos compartidos porque no puede permitirse el precio de un alquiler.

Necesitamos encontrar un nuevo modelo si queremos que la sociedad digital sea más justa en la creación y el reparto de la riqueza, y todo apunta a que el trabajo acabará teniendo menos peso en el proceso y que deberemos ponernos mucho más serios en temas fiscales. Sea como sea, en las próximas décadas iremos dando vueltas a la definición de un nuevo contrato social.

La revolución

Junto con la tecnología y el lenguaje, otra carac-
terística que nos define como humanos es que podemos ser revolucionarios. No se trata solo de ser
capaces de cambiar y adaptarnos, sino de que sea
posible hacerlo de forma contundente. Los humanos somos revolucionarios porque, además de
hacer evolucionar un modelo, también somos
capaces de cambiarlo de raíz.

Hablamos mucho de transformación cuando nos referimos a la gestión del cambio digital o energético, por ejemplo, pero quizás
deberíamos empezar a pensar en revoluciones,
porque no son lo mismo. Mientras que la
transformación es un cambio producido a partir de lo que había antes, es decir, una evolución, la revolución es un cambio contra lo que
había antes. En ocasiones, las transformaciones se consiguen mediante pactos; por el con-

trario, las revoluciones jamás son amables con el *statu quo* anterior.

Gestionar un cambio mediante una revolución significa aceptar que puede ser preciso luchar para conseguir un nuevo resultado. Somos seres vivos y, por lo tanto, tenemos capacidad de cambiar. Pero lo que nos diferencia del resto de especies es la capacidad de imaginar escenarios que revolucionan todo lo existente y, además, entender que el enfrentamiento es otra fase del proceso. La evolución pide pactos, mientras que la revolución asume e incorpora el hecho de formar parte de un conflicto.

Pero ser revolucionario también implica ser optimista, porque la propia palabra indica la esperanza de que la lucha sirva para conseguir un cambio que mejore la situación. Y es que si creyéramos que el cambio será para ir a peor, ya no estaríamos hablando de revolución sino de crisis. Hablamos de «revolución tecnológica» porque, en el fondo, esperamos un cambio que dé resultados positivos, y hablamos de «crisis climática» porque, en realidad, creemos que irá a peor. Hablaríamos de «revolución climática» si fuéramos optimistas y de «crisis tecnológica» si fuéramos pesimistas.

La historia tiene ejemplos de grandes cambios sociales surgidos de una revolución que rompe con el modelo anterior. La revolución neolítica, la Revolución francesa o la Revolución Industrial han sido sacudidas que pueden tener su origen tanto en un estallido de violencia como en la adopción de una nueva tecnología. Computación, chips, internet, algoritmos o inteligencia artificial no forman parte de una transformación digital, sino de una revolución digital. Se deberá enfrentar el modelo anterior, el surgido de la Revolución Industrial, que ha ordenado el mundo durante los últimos trescientos años. Nos encontramos ante la oportunidad de explorar un nuevo horizonte radicalmente distinto y que, por lo tanto, generará conflictos.

Lo digital obliga a poner orden en nuestra relación con la información, igual que en su momento empezamos a ordenar las relaciones laborales. En este sentido, ya hemos visto que la economía digital globalizada pone en tela de juicio el actual modelo de reparto de la riqueza, basado en sueldos e impuestos, sin olvidar los problemas que tiene el actual sistema político de Estados nación para controlar la actividad de las empresas digitales capaces de operar sobre miles de millones de ciudadanos. Es posible intentar sacar adelante una agenda de tal envergadura con evoluciones, transformaciones, partiendo del modelo anterior, pero tarde o temprano llegará el momento en el que tendremos que atrevernos a ser revolucionarios y enfrentarnos a lo que está sucediendo.

En el ámbito empresarial y económico, ya hemos visto casos de conflicto en los que actores digitales proponen nuevos modelos que provocan el cierre de empresas que hasta no hace mucho eran líderes. Será preciso discutir, y mucho, las técnicas comerciales, legales y fiscales que se están utilizando, y este debate será un conflicto grave, sin lugar a dudas. Pero a nivel institucional y social, el escenario aún está dominado por actores anacrónicos y se echa de menos un ecosistema de nuevas voces capaces de personarse con contundencia en la discusión.

En resumen, decir que estamos viviendo un periodo de transformación es querer minimizar los conflictos que va a provocar el cambio que se está gestando. Lo cierto es que habrá aspectos que simplemente van a evolucionar y los podremos gestionar con el método de la transformación, pero habrá muchos otros ámbitos del entorno social, económico, político y cultural que derivarán en revoluciones, y deberemos aceptar que el avance hacia un nuevo modelo supondrá un conflicto.

TERCERA PARTE

Qué hacer

La llegada de la inteligencia artificial es un punto de inflexión determinante en la construcción de la sociedad digital. En la práctica, supone la llegada de una nueva generación de *software* que incrementa de forma extraordinaria las capacidades de los ordenadores y obliga a personas y a organizaciones a actualizar sus herramientas y habilidades.

Las empresas deberán sustituir todos sus programas informáticos por nuevas versiones que incorporen las funcionalidades ofrecidas por la inteligencia artificial, además de considerar muy seriamente la oportunidad de dotar de *software* áreas que hasta ahora no tenían. Es imposible realizar este cambio de manera rápida, porque requiere años, probablemente más de cinco y más de diez, y no solo por la cantidad de dinero que va a suponer, sino sobre todo por el esfuerzo que deberá destinarse en reingeniería de procesos, planes de formación y gestión del cambio.

Veamos, pues, una hoja de ruta para gestionar el momento al que nos enfrentamos, pensada para organizaciones públicas y privadas, que, aunque no lo parezca, también es aplicable a las personas, tanto para usos particulares como profesionales, porque en el fondo se trata de lo mismo.

Debemos abrir cuatro frentes de acción de forma simultánea, equilibrando los esfuerzos para que ninguno de ellos quede demasiado rezagado: revisar nuestros procesos, actualizar las herramientas, organizar el sistema de toma de decisiones y, finalmente, valorar si necesitamos reinventarnos.

Los procesos

En cada departamento de cualquier empresa existen cantidad de tareas y procesos susceptibles de mejora con el uso de la inteligencia artificial. De hecho, muchos trabajadores ya están realizando pruebas con las herramientas que tienen a su alcance, como ChatGPT. Hay responsables que creen que lo tienen todo razonablemente controlado y saben qué están haciendo sus equipos, pero en casi todos los casos la realidad es mucho más amplia de lo que se imaginan. En todas partes hay gente que experimenta con la IA, pero que no lo explica, ya sea por miedo a la imposición de reglas y condiciones que se lo pongan difícil o porque ahora tardan mucho menos en realizar el trabajo y les parece mejor que no se sepa.

Así pues, se deben generar las condiciones necesarias para que afloren todos los casos en los que tiene sentido aplicar la IA, para poder evaluar qué va a suponer. Quienes están probando cosas son muy valiosos, puesto que han identificado los procesos en los que tiene sentido intentarlo, de modo que debemos animarlos a que nos lo expliquen, ofreciéndoles apoyo y ventajas, e incluso premiando a los mejores casos. Pero también debemos acompañar a los que todavía no han empezado. Hay quien ni siquiera se imagina lo que se puede hacer con la inteligencia artificial, o no le ha prestado atención por la razón que sea o, sencillamente, no ha comprendido del todo su potencial. Y, por encima de todo, se debe tener presente que hay personas con miedo a ser perjudicadas, o incluso sustituidas, por estas novedades.

Un método razonable para atender a unos y a otros es dedicar un tiempo a cada departamento para ejemplificar de forma concreta los posibles usos de la IA en sus tareas, con el objetivo de demostrar que en casi todos los casos se trata de herramientas que les pueden ayudar, pero difícilmente sustituir. Los perfiles profesionales que pueden estar amenazados por una IA son muy pocos y muy específicos. De hecho, lo más habitual es justo lo contrario: hay herramientas que serán necesarias para poder trabajar, igual que ahora es difícil encontrar a un financiero que no use un programa informático de contabilidad, un periodista sin un procesador de textos o un diseñador que no sepa utilizar Photoshop.

La experiencia nos demuestra que en cualquier departamento afloran decenas, e incluso cientos, de tareas y procesos concretos en los que se pueden lograr mejoras con el uso de la IA. La idea sería crear una sencilla ficha en que se describa de qué se trata, su coste, el esfuerzo de ponerla en marcha y la mejora conseguida (por ejemplo, cuántas horas o dinero se pueden ahorrar). Con esto podría bastar para ordenar las oportunidades de una forma objetiva y tener una idea del volumen total, tanto de la oportunidad como del esfuerzo.

El listado resultante suele resolverse a través de tres tipos de acciones distintas. El primer bloque puede ser atendido con herramientas de IA ya existentes en el mercado. Por ejemplo, ya hay soluciones para revisar textos legales, planificar rutas logísticas u organizar los turnos de un equipo. En tales casos, toca explorar el mercado para ver qué opciones ofrece y, tras su evaluación, decidir cuál de ellas es la más adecuada. En el segundo bloque están los casos en los que la solución puede obtenerse con un sencillo desarrollo que no compromete datos ni es muy sofisticado. Por ejemplo, una herramienta que adapte un diseño gráfico a distintos tamaños y proporciones, o una solución que convierta notas de voz en datos apuntados correctamente en un formulario. Y en el tercer bloque están los casos que requieren un desarrollo más complejo, ya sea por el manejo de datos sensibles o porque hace falta una integración con otros programas informáticos de la casa, o por cualquier otra razón que lo complique todo.

Llegados a este punto, dispondremos de un inventario de oportunidades para dicho departamento. Pero siempre termina pasando lo mismo: no tenemos tanto dinero y es imposible hacerlo todo. Será momento de priorizar y calendarizar, de modo que aparecerá una hoja de ruta que durará algunos años y que costará dinero y tiempo. Aquí será importante la gestión del grupo, pues alguien habrá entendido que podría disponer de una herramienta que le podría ayudar, pero se ha decidido que no la recibirá hasta dentro de uno o dos años.

El liderazgo de todo ese esfuerzo deberá quedar repartido entre el departamento de tecnología y el de recursos humanos, porque estamos hablando de programas informáticos, pero también de mejoras en las maneras de proceder. Hará falta formación, pero también deberemos gestionar la frustración que provoca comprender cómo podrían ser las cosas y no poder llevarlas a cabo.

Se repite el mismo proceso en todos los departamentos de la organización. Habrá grupos con oportunidades más evidentes que otros, así como equipos con diferentes grados de predisposición. Pero, por encima de todo, contaremos con un largo listado de oportunidades y la ardua tarea de decidir cuáles se aplican y cuáles no. Un consejo práctico: en esta mirada de procesos, que en el fondo es una mirada de ahorro y eficiencia, por el momento priorizad los casos de uso en los que el retorno de la inversión (ROI) sea a un año. Es decir, si se puede conseguir una mejora de cinco mil euros anuales, no invirtáis más de cinco mil euros en esa solución. En su conjunto, es demasiado tierno y dinámico como para arriesgarse a incorporar herramientas que no se van a amortizar hasta dentro de tres o cuatro años.

En resumen: promover su uso, aflorar los casos ya existentes, inventariar las oportunidades, ordenarlas según las prioridades, asignar presupuesto sin perder de vista la rentabilidad y, en especial, gestionar los estados de ánimo, porque dejaremos gente decepcionada o incluso ofendida.

Las herramientas

La inteligencia artificial también llegará a través de los programas informáticos que ya utilizamos, cuyos fabricantes nos ofrecerán nuevas versiones que la tengan incorporada. Por ejemplo, los famosos Word, Excel y PowerPoint de Microsoft han recibido ya una actualización con IA llamada Copilot. Su equivalente en Google es Gemini. Todos los grandes fabricantes de programas de gestión, como SAP, Salesforce, Oracle, Sage, Odoo..., están ofreciendo nuevos módulos con IA. Es un movimiento imparable; todos los fabricantes lo harán. De hecho, en breve dejaremos de hablar de IA y nos limitaremos a decir que hay gente que utiliza la última versión de Word, por ejemplo, y hay gente que no. Y nadie va a querer trabajar con las versiones antiguas.

El impacto presupuestario es fuerte. Por ejemplo, una licencia de Office 365 (Word, Excel y

PowerPoint) cuesta unos quince euros al mes por usuario (aunque se trata de un precio que depende de muchos factores y puede variar). Si una empresa tiene mil empleados, hablamos de quince mil euros al mes. La incorporación de Copilot duplica su coste. Ante tal situación, la mayoría de las empresas están evitando ofrecerlo a todo el mundo y vigilan dónde lo ponen. Lo habitual es realizar una implementación progresiva (por departamentos, por tipos de trabajo, por categorías profesionales o por el criterio que sea), siempre acompañada de formación.

Los responsables de informática de todas las organizaciones deberían estar llamando a los fabricantes para conocer sus planes. ¿Están previstas nuevas versiones con IA? ¿Qué podrán hacer? ¿Cuándo estarán disponibles? Y, por encima de todo: ¿a qué precio? Tal como sucedía con los procesos, esto nos da una lista, un presupuesto y un calendario, pero, una vez más, no tendremos el dinero suficiente. Y aunque lo tuviéramos, es imposible cambiar todos los programas de golpe. De modo que deberemos planificar un cronograma que se prolongue unos cuantos años y explicar en algunos de los departamentos que en su caso no se va a solventar de inmediato.

En resumen: negociar con los fabricantes, ordenar marcando las prioridades, asignar presupuesto y, de nuevo, gestionar los estados de ánimo.

El gobierno

Como hemos visto, se deberán tomar decisiones que afectarán a todos los departamentos de la organización. Los procesos, las herramientas, el calendario, la inversión, la formación, el orden en que se producirán... Son elecciones que van a generar quejas, suspicacias y conflictos, a la vez que alegrías, retos y esfuerzos. Si se trata de una empresa pequeña, puede ser suficiente con el criterio de los propietarios. Sin embargo, si es una organización que presenta mayor complejidad, será mejor que dispongamos de un órgano de gobierno encargado de tomar todas esas decisiones, para así evitar que sea un solo departamento (el de informática, por ejemplo) quien lo haga.

Lógicamente, el órgano de gobierno deberá contemplar el precio y la rentabilidad, pero sin perder de vista los aspectos legales, porque ciertos usos y muchas de las herramientas de IA ofrecidas por el mercado tienen serios problemas en ese ámbito. Asimismo, deberá conocer la madurez de esas tecnologías y tener una opinión formada sobre el tipo de novedades que pueden surgir a corto y medio plazo. Es decir, en ciertos casos hay aspectos que sobrepasan el conocimiento existente en el equipo directivo. En una situación así, una opción sería crear un consejo asesor externo de acompañamiento en la toma de decisiones en esos momentos iniciales un poco confusos, tanto para aclarar conceptos como para seleccionar nuevos proveedores. Ahora mismo, quienes hablan de IA utilizan los mismos términos y conceptos, y es complicado distinguir los recién llegados de los que realmente entienden del tema, porque todo el mundo se expresa igual y con los mismos ejemplos.

Recapitulando, es necesario definir dónde se toman las decisiones y dotar de método y criterio ese espacio. Es importante contar con una planificación general de todos los procesos y herramientas de la organización susceptibles de mejora con la IA, y que se revisen periódicamente las prioridades y los presupuestos. Asimismo, es fundamental dejarse acompañar, especialmente en los aspectos legales y de selección de proveedores, dado que en muchos casos deberemos recorrer a nuevos compañeros de viaje.

La estrategia

A menudo, las posibilidades de la inteligencia artificial irán más allá de una simple revisión de procesos y una mejora de la eficiencia, aunque se trate de lo más evidente y la parte por donde está empezando todo el mundo. Habrá que estar al tanto cuando se presente la verdadera oportunidad para atreverse a repensarlo todo o para detectar que la IA puede suponer una transformación radical del negocio. Por ejemplo, cuando apareció el *streaming*, lo que debían hacer los videoclubs no era pensar en la optimización de procesos, sino en cambiar el modelo de negocio. Con la llegada de la IA, quienes se dedican al doblaje de películas, por ejemplo, tienen un problema que no se solventa mirando si en el departamento de contabilidad se aplica la inteligencia artificial.

En paralelo al esfuerzo en cuanto a procesos, herramientas y modelo de gobernanza, es preciso organizar una acción de prospectiva y análisis. Estamos en un momento de efervescencia en el que se anuncian casi a diario nuevas posibilidades de la IA y de la tecnología en general. Hay que prestar atención a los anuncios y lanzamientos que se producen a diario, pero también a los movimientos del sector y de la competencia, para identificar tendencias y buenas prácticas. Ese esfuerzo cobra mayor sentido si se realiza de forma mancomunada y no en solitario, y parece lógico que la propuesta provenga de las asociaciones profesionales y empresariales.

La perspectiva

Para integrar la inteligencia artificial en nuestras vidas y empleos, muy probablemente pasaremos por las mismas etapas que seguimos con la incorporación de la informática. Entre otras razones, por el gran peso que tienen la lógica y el sentido común, aunque no lo parezca.

Las novedades siempre llegan de la mano de los exploradores; aquellas personas que son las primeras en descubrir algo y explicárselo a alguien. Se trata de un hallazgo muy temprano, y su descubrimiento todavía no es evidente y a menudo ni siquiera funciona del todo bien. Pero se excitan imaginando las posibilidades y hablan de ello con entusiasmo. Si encuentran a alguien con el mismo interés, se entregan en cuerpo y alma a realizar pruebas y experimentos. Son unos primeros ejercicios cargados de paciencia y perseverancia que van abriendo camino y terminan siendo los primeros casos de uso. Hasta que aparece el primer usuario, esa persona dispuesta a utilizarlo para algo. Siempre son unos inicios muy artesanales, soluciones a medida y pensadas para un caso muy concreto. Si superan la prueba, el usuario se plantea seriamente abrazar el nuevo método y abandonar el anterior, por lo que pasa a reorganizar su actividad teniendo en cuenta el nuevo invento. El proceso se repite hasta que es detectado por el mercado, que empieza a ofrecer alternativas que presentan mayor elaboración y profesionalidad, de modo que los pioneros van abandonando paulatinamente sus soluciones artesanales para adoptar productos comerciales más fiables y sólidos.

Volviendo a la analogía de la informática, vemos que después de que los exploradores llevaran los primeros ordenadores, hubo quien se animó con los primeros programas de contabilidad, que en esa época estaban hechos a medida para cada empresa. A la vez que se iban confirmando como razonablemente útiles, se empezaron a introducir nuevos procedimientos, nuevas maneras de hacer. Sin embargo, cuando

comerciales de toda la vida, por ejemplo, llega-
ron y dejaron sobre la mesa un papel con un pe-
dido y alguien les dijo que debían introducirlo
en el ordenador, la mayoría de ellos pusieron el
grito en el cielo, porque los nuevos procedimientos casi siempre son molestos y causan recha-
zo. A pesar de esas resistencias, poco a poco todos acabaron introduciendo los pedidos «en el
sistema». Con el paso de los años, se abandona
el programa artesanal de contabilidad y la empresa compra uno profesional, lo cual es posible
porque previamente todo el mundo se ha acostumbrado a las nuevas herramientas y sus nuevas maneras de hacer.

Exploración, artesanía, nuevos procedimientos
y, finalmente, consolidación. Siempre se repite el
mismo patrón, y lo más probable es que con la inteligencia artificial suceda lo mismo. Sin embargo,
está claro que todavía nos encontramos en las fases
de exploración y artesanía. Pocos han puesto en
marcha nuevos procedimientos, y no hablemos ya
de consolidarlos.

Nuestro problema actual con la inteligencia
artificial no es que las soluciones sean aún más o

menos artesanales, sino que son personales. Cada cual está trabajando por su cuenta con Chat-GPT, Gemini, Copilot o similares, pero disponemos de muy pocos casos en los que un departamento entero esté probando en su conjunto una nueva manera de ejercer una tarea concreta. Tenemos empleados valiosos e inquietos que están haciendo cosas por su cuenta, pero si en un mismo departamento hay cuatro o cinco personas probando cosas diferentes, entonces estamos perdiendo el método compartido y el criterio unificado. Las organizaciones, tras años de construcción de protocolos y sistemas de aseguramiento de la calidad, están ahora ante una proliferación de soluciones artesanales e individuales. Si la situación se prolonga demasiado en el tiempo, se podría entrar en un cierto desorden. Estamos en un momento interesante para las personas creativas, pero complicado para las organizaciones.

Las compañías deben hacer todo lo posible para identificar aquellos inquietos que están experimentando, conocer las pruebas que están realizando y elevar rápidamente a proyecto compartido las mejores ideas. Como siempre, el reto es más cultural que tecnológico. La llegada de la IA vuelve a ser un test de clima y una oportunidad para averiguar hasta qué punto somos capaces de colaborar y trabajar juntos.

El resumen puede parecer sencillo, pero es revolucionario: llega una nueva generación de *software* que, basándose en flujos de datos dinámicos, es capaz de interpretar, inferir y proponer. El resultado dependerá de la calidad y profundidad de los propios datos, de nuestra capacidad para incorporar nuevas maneras de proceder y de los mecanismos de control y garantías sociales que seamos capaces de construir.

CUARTA PARTE

Epílogo

Tengo mala vista desde muy pequeño y cada mañana, al despertarme, lo primero que hago es buscar las gafas a tientas. Sin ellas lo veo todo borroso, pero, tal como me las pongo y me las ajusto sobre la nariz, mis capacidades se amplían de repente y puedo leer, escribir, conducir y hacer mi trabajo. Las gafas son un avance técnico, una filigrana que combina conocimientos de física e ingeniería para mejorar mis capacidades y ayudarme a solucionar un problema. Es decir, las gafas son tecnología, pero nadie habla de ellas en esos términos. Todos hemos escuchado a alguien explicando que necesita hacerse unas gafas nuevas; sin embargo, no hemos escuchado a nadie diciendo que necesita actualizar la tecnología que le permite ver bien.

«Tecnología» es una palabra de origen griego formada por *téchnē*, que significa destreza en una técnica, arte u oficio, y *logia*, que se refiere a la ciencia de algo. La agricultura es tecnología, del mismo modo que las gafas, la televisión, la imprenta o un reloj, pero nadie dice que utilizará la tecnología para saber qué hora es o que irá a un centro tecnológico para hacer unas fotocopias. Así pues, aunque todo es tecnología, existe algún criterio que de forma intuitiva nos lleva a utilizar ese término en unos casos, pero en otros no.

Es fácil. Utilizamos el término «tecnología» cuando hablamos de algo posterior a nuestro nacimiento. Dicho de otro modo: si lo llamamos tecnología, significa que todavía estamos tratando de entenderlo, asimilarlo e incorporarlo. Y, a medida que lo vayamos logrando, dejaremos de nombrarlo así y normalizaremos no tan solo sus usos sino también el lenguaje. Es por ello que llevamos siglos sin hablar de tecnología para referirnos a unas gafas. La televisión lo era para mi abuelo, pero ya no lo es para mí. Nosotros utilizamos el término para referirnos a los ordenadores, pero para nuestros hijos ya no son tecnología, del mismo modo que para mí tampoco lo es una calculadora. Cada vez que nos referimos a algo utilizando esa palabra, estamos dando a entender que para nosotros es nuevo y aún nos encontramos en fase de adopción. Y quienes directamente no están entendiendo nada lo empeoran todavía más hablando de «nuevas tecnologías».

Estamos incorporando nuevas herramientas porque nos encontramos en plena transición de una sociedad industrial hacia una sociedad digital, y todavía no sabemos exactamente dónde vamos a llegar y cómo será el modelo resultante. Lo único que sabemos a ciencia cierta es que se trata de un cambio que afecta a nuestros esquemas sociales, culturales y económicos; a nuestras formas de aprender, trabajar, jugar y relacionarnos. Que quizás el poder ya no se organizará alrededor del trabajo, sino de la información; que los sistemas políticos y de representatividad deberán cambiar y que tendremos que discutir nuestros derechos y deberes. Pero que nuestros referentes políticos, sociales y económicos sigan hablando constantemente de tecnología significa que todavía están tratando de digerir cómo son las herramientas que están a nuestro alcance y, por lo tanto, difícilmente pueden liderar el tránsito hacia la sociedad digital.

Cada sociedad, y casi cada generación, vive la llegada de distintas tecnologías, y cada una de ellas pasa por diferentes fases de adopción antes de quedar razonablemente incorporada. Ante la duda, el lenguaje es una buena pista para identificar el momento de adopción en el que nos encontramos. Ya nadie habla de tecnología para referirse al termostato de la calefacción o a la vitrocerámica, pero es un concepto que todavía utilizamos para hablar de los sistemas de asistencia a la conducción de los que disponen los coches nuevos. Si lo llamamos tecnología es porque lo consideramos una novedad. Pero se debe vigilar, porque puede haber personas a nuestro alrededor que se inquieten si intuyen que para nosotros eso todavía es sorprendentemente nuevo. Ya lo decía Arthur C. Clarke, el autor de *2001, una odisea espacial*: «Cualquier tecnología suficientemente avanzada es indistinguible de la magia». Si utilizamos la palabra «tecnología» en exceso, podría ocurrir que en el fondo todavía lo consideremos todo un poco mágico, lo cual nos convierte en sospechosos de no estar entendiendo lo que tenemos entre manos.

La tecnología es muy relevante y puede suponer ganar o perder competitividad, desempeñarnos mejor o peor, ir por el buen camino o no... Pero lo que realmente importa es comprenderla, saber para qué la queremos, de qué forma, en qué momento y para hacer qué. Cuando ya lo tenemos claro y maduro, no lo llamamos «tecnología». Es necesario huir de la tecnología y enamorarse de las soluciones.

[ā]